JN438425

누리마루 시인들

하 정 수
●
나 환 선
●
박 민 혁

오늘의문학사

누리마루 시인들

■ 서문

시는 이상한 힘을 지니고 있다. 그래서 우리는 시인을 언어의 마술사라고도 하지 않는가! 전력산업 현장의 R&D 업무에 몰두하면서 틈틈이 여가를 내어 시 창작 활동을 한다는 것이 여간 어려운 일이 아님에도 같은 직장에서 시와 함께 정서적 공감대를 형성해 간다는 것은 매우 고무적인 일이다. 모든 예술이 그러하듯이 시는 사람을 감동시키고 나아가 소통하고 결합하는 능력이 잠재되어 있다.

이러한 관점에서 볼 때 기술개발 연구의 중심에 서있는 연구원으로서 시를 짓는다는 것은 더욱 돋보여 진다. 근래에 와서 기업 메세나 운동이 활발히 전개 되고 기술과 인문학의 통섭이 화두가 되면서 그 여파와 반향으로 직장 내에서 문화 예술에 대한 관심이 높아지고, 정서 함양을 위한 공간이 넓혀지고 있는 것도 사실이다. 그러나 이번처럼 전력연구원 문학 동호인 3인이 예지를 모아 한 권의 시집을 발간한다는 것은 극히 드문 일이며 경이로움과 함께 찬사와 축하의 메시지를 보내는 바이다.

시 속에는 사람과 사람 사이의 따뜻한 정이 녹아 있으며, 설명하지 않아도 서로 공감할 수 있는 마음이 서려있다. 시인은 예술적 언어를 사용하여 인간의 사상과 감정을 긍정적이고 낙천적인 삶의 표현 수단으로 가다듬는 재능가라고나 해야 할까! 그래서 연구원이 시를 쓴다는 것은 힘든 연구의 현실을 극복하고 행복한 삶으로 승화시켜 나갈 수 있는 길을 제시하고 있다고 본다.

시의 표현은 자연과학의 발견과 마찬가지로 새로운 경지를 열어가고 추구해 나가는 것이다. 곧 시는 우리에게 사물을 바라보는 방법을 가르쳐 주듯이, 시인들은 남들이 보지 못하는 것을 볼 줄 아는 사람이며 사물을 한번 더 살펴보게 함으로서 새롭게 태어나게 하는 것이다.

이것은 미지의 세계에 도전하는 과학기술 연구와 상통하는 면이 내재되어 있기에 나는 시를 사랑하고 창작하는 이들을 높게 평가한다.

우리는 같은 행로의 기술자 길을 걸어가면서도 자신의 경험과 감정을 아무에게나 흔쾌히 털어 놓지 못하며, 또한 동료들이 살아가는 모습을 궁금해 하기도 하고 그들의 삶의 방식에 관심을 갖기도 한다. 그러기에 우리는 한 울타리에 더불어 살아야 하는 이른바, 갑남을녀로서 서로 이해하고 사랑할 수 있는 연결로를 구사해 나간다는 것은 큰 의미가 있다고 하겠다. 시를 통한 공감대 형성은 타인이 사는 모습에서 자신을 비추어 볼 수 있고, 함께 살아가기 위해 고민하게도 만드는 것이다. 즉, 직장 내에서의 문학 활동은 동료 간의 같은 시대적 환경에서 다른 공간 사람들과의 대화로 이어질 수 있기 때문이다.

이 시집을 읽어 가노라면 외형적인 삶 저 밑바닥에 잠겨있는 독특한 정서가 울려오는 것 같다. 문학적인 틀이 확고하여 작품을 빚어내는 미세한 감정이 살아 숨 쉬고 있으며, 때로는 숨어있는 아픔이 서려 있기도 하다. 또한 순수한 열정과 넘쳐나는 지식이 협력하여 하나의 문학적 진경이 엿보이기도 하며, 목가적 서정에 심취해 태고 시대를 꿈꾸는 추억의 빗장을 풀게도 만든다. 나는 이 시집에 들어가 시인들과 함께 호흡하며 살아가고 싶은 충동이 생기기도 한다.

시인은 한편의 아름다운 시를 남기기 위해 어떠한 괴로움도 감내하며 작품 뒤에 보이지 않는 고통과 노력이 담겨져 있기에, 우리는 시를 통하여 시인과 만날 수 있는 것이다. 앞으로 이 시집이 큰 맥을 이어가고 전력연구원에 더 많은 시인들이 탄생하여 서로 살며 사랑하는 공간의 자리를 마련해 나가기를 기대해 본다.

전력연구원 선배 문인 엄 희 문

■■■ 차례

나환선

박민혁

하·정·수

1956년 충북 옥천에서 출생
전력연구원 수석연구원으로 근무 중
시집 『새벽날개를 치며』
기술 에세이집 『연구는 희망입니다』

메타세콰이어

그대가 좋습니다.
올 곧은 모습에 반했습니다.
굽고 굽은 세상에서
당신이 있어 든든합니다.

키가 큰 모습에 반했습니다.
그만 그만한 세상에서
하늘 가까운 모습을 존경합니다.

잎이 너무 부드럽습니다.
배려가 없는 세상에서
자상한 그대가 좋습니다.

그대처럼 살고 싶습니다.
우람하면서도 세심하게
반듯하면서도 혼자가 아닌
모습으로 살고 싶습니다.

목련

어둠이 녹아드는
스산한 겨울 하늘에서
팔 벌린 플라타너스 만큼이나
소망을 안고 기다린 날들이여

슬픈 나라의 바다 끝에서
날갯짓 치던 만큼이나
시린 눈을 감고 기도하며
기다린 날들이여

화사한 외출로 몸단장하고
자신을 이겨내며
몸부림치던 만큼이나
눈물을 머금고 기다린 날들이여

먼저 피어난
수줍음 속에서
새로이 태어나는 기쁨으로
햇빛 머무는 영혼으로

그대 앞에서 부르리라.
생명의 노래, 부활의 노래를

느티나무

푸르름이 이렇게 빛나도록
열심히 살라고 말합니다.
뜨거운 태양이 힘겨워 다가가면
언제나 넉넉하게 받아줍니다.
열정 넘치는 완숙함으로
그렇게 마무리하고 싶습니다.
다 내려놓고
빈손으로 돌아가렵니다.

원래 이름, '늙은 티 나는 나무'
젊어지려 애쓰는 세상 속에서
존경받는 '느티나무'로 살렵니다.

소나무

친구야 자랑스럽다.
모두가 자기 탓 아니라며
서로 울긋불긋 주장할 때
푸르게 자인하는 모습이 눈물겹구나.

친구야 미안하다.
아픈 마음을 표현하지 못하고
송홧가루만 날리고 있을 때
오해하여 미안하구나.

친구야 고맙다.
어쩔 수 없이 서로를 찌를 때
아파하던 우리를
그윽한 솔 향으로 덮어주니 고맙구나.

친구야 그립다.
말은 적지만 늘 그 자리에서
없는 듯 있는 듯 겸손한 모습이
인생을 아는 나이가 되니 그립구나.

궁리역행과 은행나무

거경居敬
경건하여라.
거룩하거라.
너의 진솔함을 보았다.
은행나무 꽃의 겸손을 알고 있다.

궁리窮理
읽고 또 읽어라.
끝까지 밝히거라.
너의 열정을 보았다.
은행나무 열매의 독함을 알고 있다.

역행力行
힘 쓰거라.
풍성하거라.
너의 완숙함을 보았다.
은행나무 잎의 아름다움을 알고 있다.

율곡선생은

죽는 날까지
居敬, 窮理, 力行 하라신다.
은행나무처럼

아내의 계속되는 꿈, 수선화

물이 배었어요.
노란 물이
흐른 세월만큼이나
소녀적 재잘거림과 함께

앉아 있었어요.
그 자리에
수줍은 자세만큼이나
계집애의 못다 한 꿈과 함께

잊지는 않았어요.
두 뺨에 닿는
싱그러운 공기만큼이나
아직도 갖고 싶은 것들과 함께

끝나지 않았어요.
우리의 붓 칠은
이슬의 흔적만큼이나
아내의 꿈은 이렇게 꽃피워 갑니다.

그 자리

제가
그 자리에
서있음으로 인하여
누군가
십자가에서 멀어진다면
부족한 저를 용서하옵소서.

누군가
그 자리에
서있음으로 인하여
제가
십자가에서 멀어진다면
교만한 저를 용서하옵소서.

스물스물
죄악이 머리를 내밀어도
그 자리에 서려 하는
나약한 저를 용서하옵소서.

이 자리

제가
이 자리에
서있음으로 인하여
아침 햇살 같은 기쁨을
누군가
알게 하옵소서.

누군가
이 자리에
서있게 함으로
비온 뒤 새순 같은 사랑을
저와 세상이
알게 하옵소서.

이 자리에 서도록
넘치는 은혜를 주신 주님께
쓰임 받는 사실만으로도
감사가 넘치게 하옵소서.

주님 곁에 섭니다

주님 주신 햇살은 따사롭습니다.
옷 입고 받아 드리기에
너무 벅차 늘 벗은 몸으로
주님 곁에 섭니다.

주님 흘리신 보혈
침상에 누워 수혈 받기에는
너무 선명해 늘 빈 몸으로
주님 곁에 섭니다.

가식의 옷을
하나, 하나 벗어 던집니다.
준비하신 예복입고
주님 곁에 서는 날을 기다리며

바람 앞에서

부족하면 부족한 만큼
눈을 더 감는 지혜는
옷을 벗은 산자락으로부터
바람에 실려 오고

가진 것 없으면 없는 만큼
길어진 노래를 가슴에 안고
벌판에 서면
바람은 저만큼 앞서 나간다.

하루의 문 닫는 소리와
길어진 노랫말 속에서
보이지 않는 손길에 대한
감사의 단어를 찾아본다.

결혼

흙이 무너지고 또 쌓아졌다.
바람이 불고 해가 떠오르는 중에
매듭 하나를 묶었는데
꽃으로 피어난 전설처럼
땅과 하늘이 만났다.
축복의 꽃가루를 가슴에 안고
맺어주고 이어주신
그 분께 감사드린다.
행복했고 행복하리라고.

가훈, "드맑고 올바르게"

세상은
유황 내음만 더해가고
방주는
표고를 높일 뿐이다.

세상은
어머니 손바닥처럼
갈라지고 무뎌졌지만
뜻이 그러하듯
체온만은 살아 있다.

뜻 안에 세상
드맑고 올바름, 그 세계가
작은 곳에서부터
이루어진다.

무릇 징계가 당시에는
즐거워 보이지 않고 슬퍼 보이나
후에 그로 말미암아 연단 받은 자들은

의와 평강의 열매를 맺느니라

* [히브리서 12:11]

아내

습관적으로 손을 뻗으면
낯익은 모습으로
가슴에 묻히는
오래 전부터의 사람아
지난 밤 곤한 잠에
쓴 입술로 다가서도
달콤한 만남이여

빛바랜 영화 포스터와 함께
겨울비에 녹아내리는
희미해진 거리의 풍경들
의미 있는 나이에도
지난 추억을 되살리려
언제나 소녀로 남아야 하는 사람아

벅찬 하루 일과 중
할 말이 없이도
전화하고픈 여인이지만
많이도 가까워진 생활 속에

아직도 남은 절벽을
가슴에 묻어야 하는
일상의 만남이여

어쩔 수 없이 속물이 되어
더 이상 벗어버릴 것 없는
만남 속에서
사랑이라는 말보다
미안이라는 말이
더 어울리는 만남이여

아카시아 내음보다
진한 향으로 남는 만남이여

은혼, 아름다운 동행

살아가면 시가 되고
사랑하면 그림이 된
스물하고 다섯 해

가볍지도 않고
쉽게 번지지도 않으며
너무 화사하지도 않게
한지에 끈기로 그리는
채색화처럼 살았습니다.

하루의 생활로 붓 칠하면
일상의 사랑이
주위와 어울리며
은은함으로 배어나와
그림에서 울고 웃고

두 바리 새처럼 함께 했는데
그 분도 함께 해주셨기에
오늘도 행복합니다.

노을이 아름다운 마을

빛들이 모여 산다.
작은 것을 즐기면
흥겨워 물결치고
여러 물감이 함께 어우러져
다름을 이해하는 넉넉함으로

소리가 춤춘다.
새들의 고단한 날개 짓도
돌아갈 보금자리가 있기에
욕심 없는 곳
자기를 비우고
서로를 내 보이는 곳

사랑이 흐른다.
미움이 아직 남아있지만
아픈 마음까지 품어주는
그 너머가 아름다운 곳

평생의 좋은 친구

부부는
젊을 때는 연인
중년에는 친구
노년에는 간호사라고

젊은 시절
마음 시리도록 보고 싶어
기다리던 신발에 물이 고여도
그 질컥함이 오히려

어느덧 친구가 되어
가장 약하고 부족한 것까지
보듬어 주는
그 살가움이 정겹고

서로 간호사는 안하겠다고
바퀴벌레 부부처럼
새벽 운동을 나간다.
떠밀 듯 떠밀려

넘치는 세상에서

소리가 넘쳐납니다.
높은 음의 경쟁이 불만합니다.
편안한 소리가 그리워
낮은 음을 찾아갑니다.

빛들이 넘쳐납니다.
모두가 찬란함을 자랑하지만
희생의 작은 불빛에
생명들이 모여듭니다.

소식이 넘쳐납니다.
이것만은 알아야 한다고 주장합니다.
정보의 바다 가운데서
생명의 물을 얻어냅니다.

세상에 좋은 것이 많습니다.
서로 까치발을 서지만
고르는 것은
결코 만만치 않습니다.

출발선에서

이 시간이 되면
근육은 설레임으로 당겨온다.
더 나아지려는 기대감으로 충만하다.
복잡한 계산을 단순하게 만들면
희망은 늘 즐겁다.

여기에 서면
아랫배에 긴장감이 돈다.
조금 전에 버렸건만 또 버리고 싶다.
기도로 아드레날린을 달래며
새로움을 즐긴다.

햇살 머금은 출발선에서
내일의 가슴으로 하늘을 본다.
다른 이들의 꿈과 함께 구름이 된다.
더 낮은 겸손으로 무장하면
동행은 늘 아름답다.

연구자의 길 · 1

어둠 속, 빛으로 연구합니다.
너무 어둡다고 말할 때
단순하게 초점을 맞추면
실루엣 같은 빛이 살아납니다.

비바람 속, 눈물로 연구합니다.
여울진 물살에 어지러울 때
초점을 맞추어 나가면
진솔한 영상이 맺혀집니다.

푸르름을 안고 연구합니다.
다들 포기하자고 말할 때
긍정의 믿음으로 보면
모두 선하게 결론이 납니다.

모세가 모든 역경을 이기고
행복하였다고 말한 것처럼
연구는 행복하다고 고백합니다.
더 아름다울 것을 믿고 기도하면서

연구자의 길 · 2

언제나 이기는 습관으로 삽니다.
다른 것은 지더라도 괜찮습니다.
기술적으로는 꼭 이기려합니다.
연구자의 패기입니다.

언제나 젊음으로 삽니다.
쉬운 길의 유혹을 뒤로하고
무모하게 도전합니다.
연구자의 열정입니다.

언제나 깔끔하게 삽니다.
복잡한 현상들이 어지러워도
고민 속에서 실타래가 풀려 가면
연구자의 기쁨입니다.

언제나 사랑으로 삽니다.
고민하는 동료 후배들과
번뜩이는 아이디어를 나누면
연구자의 행복은 더 커집니다.

연구자의 길 · 3

연구할 때 우리는 산이 됩니다.
앞이 보이지 않는 계곡 속에서도
세상이 훤히 보이는 능선 위에서도
모든 것을 아우르는 큰 산이 됩니다.

연구할 때 우리는 강물이 됩니다.
지류들이 복잡하게 모여들고
장애물 때문에 구비 구비 돌아나가도
하나의 흐름을 이루는 큰 강이 됩니다.

연구할 때 우리는 태풍이 됩니다.
최고를 위해 괜찮은 것을 버려야 하는
몰입의 고통마저도 즐길 줄 아는
한바탕 큰 바람이 됩니다.

연구할 때 우리는 바위가 됩니다.
부담이 많은 주변을 향해
이제 그만 포기하자고 말하고 싶지만
오늘도 그 자리를 지키는 큰 바위가 됩니다.

겨울 끝자락, 강인함에 매혹되다

겨울 끝자락 강가에는 우직함이 있다.
살아남을 만큼 흐르는 강가에서
떠날 채비의 철새들에게 보여줄
우직함이 흐르고 있다.

겨울 끝자락 들판에는 생명이 있다.
서럽다고 말할 수 없는 메마름 속에서
다시 한번 멋지게 살아 보려는
투지의 오기가 숨 쉬고 있다.

겨울 끝자락 산비탈에는 강인함이 있다.
찌를 듯 서슬 퍼런 나뭇가지 끝에도
여리디 여린 마음을 포용하는
매력적인 강인함이 고동치고 있다.

멈출 수 없는 길

큰물이 밀려오고
아우성이 흙탕물로 변하면
멈추자고 한다.
태양마저 이글거리면
타협하려는 마음이
길가의 잡초처럼
그래도 가야하는 길
성실함이 질경이처럼
처절하도록 철저하게
의연하지만 유연하게
보폭은 짧지만 리듬은 살려서
너무 멀지 않은 곳을 목표로 삼아
확고하지만 겸손하게
서두르지도 말고 느리지도 않게
멈출 수 없는 길을 나선다.

바람 불어 좋은 날

마음이 바쁜 날
바람, 너 보다 앞서지 않으련다.
조급함에서 벗어나려고

가슴이 내려앉는 날
바람, 너 만큼 파고들지 않으련다.
당당함으로 마주하려고

유혹이 많은 날
바람, 너보다 흔들리지 않으련다.
순수함이 새롭도록

생각이 많은 날
바람, 너보다 가볍지 않으련다.
넉넉함으로 살아가려고

눈부시게 기쁜 날
바람, 너보다 높이 서지 않으련다.
우러나는 겸손으로 낮아지려고

오늘은

바람 불어 좋은 날이다.

우리가 달려갈 길

이제 새로운 길
구경꾼으로 소일할 수 없다.
웅성거림을 뒤로 하고
드디어 출발이다.

이제 힘겨운 길
비바람과 눈보라 속에서도
피곤한 손과 연약한 무릎을 일으키는 것은
받은 소명이 있기 때문이다.
부끄럽지 않은 길을 달린다.

이제 활기찬 길
함께 뛰는 자들의 심장소리가
마음을 다하는 응원의 함성이
약속 있는 하늘 아래
길은 미래로 흐른다.

언제나 길은 새롭다.
창조의 기쁨이 여명처럼 솟아나고

희락의 눈물과 기쁨이 흘러넘친다.
우리는 이 길을 달린다.

내가 시를 쓰는 이유

남자는 인생으로
시를 쓴다고 하는데
사는 것이 시가 되면 좋겠다.
무의미하게 보내기는 아쉬워서
나의 언어로 남겨 놓은 흔적이다.
쑥스러워 감추고 싶은 마음이 크지만
부족하게라도 시를 쓰고 가다듬는 것은
더 겸손해지기 위함이라고 말하고 싶다.

너무 달콤하지도 않고, 너무 아프지도 않게
진솔하면서도 정갈한 맛이 나면
좋으련만 쉽지 않다.
그래서 오늘도
더 겸손하려
시를 쓴다.

나·환·선

1962년 전남 목포에서 출생
전력연구원 책임연구원으로 근무 중
월간 《문예사조》(2000. 4)로 등단
월간 《겨레문학》, 월간 《문예사조》,
한국디지털도서관 웹진에 신작시 발표
40인의 공동시집 『시인학교 소르기』
펜넷문학 동인

배 밭에 서서

두 해째 배꽃구경 못한 배 밭에서
말 못하고 걷지 못하는
나무 두 그루를 분양받았다
눈 시리게 하얀 배꽃을 피워보겠다고
쫑알거리는 어린 자식들조차 건사 못하면서
내 키보다 두 세배쯤 키 큰 나무들을 보니
아득하지만 둥치를 토닥거려준다
자기보다 더 키 큰 초등학생 자식들을
무릎에 앉히고 안아주는 부모가 되고
쭉쭉 늘어선 나뭇가지 사이로
사람손길 닿지 않은 초록빛에서도
가냘픈 봄의 숨소리를 듣는다
오냐오냐 내 새끼야
울 엄마가 무심코 내뱉던 단어들이
튀어 오르는 황토 비탈길에 서서
올 가을엔 어린아이들의 깔깔거리는
희망 닮은 알토란 꿈을 일군다

고드름

흐르지 못해 멈춰진 시간
웅크리고 서있는 화석
물빛으로 감싸 안고
혹한 설움 속에서 굳어져 가는 나이테
오래 묵을수록 밑동은 굵다

허물 벗은 빛 바라기
쭈뼛쭈뼛 고개 내밀고
중력가속도를 비웃는 흔적
투명이 쌓일수록 신비는 깊어 간다

고요 속에 어둠 뚫고
남 몰래 피어난 나무여
어린애들 장난감 노리개로
떼어, 반 동강 내버리기엔
네 심지는 너무나도 깊은데

뚝뚝 떨어지는
한 줄기 눈물로 버려지는

지난 영상이 대지에 젖으니
아직도 다 흐르지 못했나 보다

나무의 눈물

우듬지에 얼어붙은 눈꽃 덩이덩이
당단풍 나무에게 때론
외로운 햇살조차 칼날이 된다

삭막한 산속에서 눈물 흘릴 일 있을까만
모닥불 지펴 놓고
눈물 줄기 만들어 본다

둥치를 타고 오르던 청설모
올려다 본 이상향
타박거리다가
얼음 방울로 맞이한 시간

소년은 고독을 불사르고
나무는 우울을 삼킨다
십수년 묵은 나무들이
후둑후둑 몸서리치고
씨톨들이 얼음산 위에 쌓이고 있다

드라이플라워

교만하지 않는 과꽃 한 송이
아름다움에 취해 있을 때
목이 긴 꽃병에 구속된 물 무덤에서
신음하는 추억을 꺼내
아침햇살에 말립니다

꽃병 안에서 웅웅거린다는 구차한 핑계로
차마 하지 못했던 꽃잎들은
그리움에 못 이겨 투신하고
삭뚝 삭뚝 베어 문 한입에 머금은
마른 향기에서
시간에 묻은 고백을 맛봅니다

좀 더 늦으면 후회할까 봐
이제 보내야 할 시간이더라도
보내지 않겠습니다
아직 묻힌 사연이 많아
벽에 걸려서라도
그대 곁에 머물고 싶습니다

유배

성긴 새벽빛보다 발 빠른
까치들 웃음소리에 잠 깬
그의 눈빛은
꿈속 미로의 해법을 찾고자
유리벽에 갇힌 책에 닿았다
오랜 외면으로
홀로 설 수 없는 수인이 된 책들은
축적된 졸음 탓에
무표정하게 자꾸 옆으로 쓰러져
걸인처럼 잠을 청했다
한때 짜릿짜릿한 감각세포를 지닌 시집들은
누런 허물을 벗어내고
어디론가 날아가 버렸다
어찌하여 성장통을 참아내던 푸른 꿈이
갑자기 늙어버릴 수 있을까
책갈피를 본다
생각의 골짜기 어느 쯤에서
질주했던 연민이나 고민이
한 줄의 유언도 남기지 못하고

질식하였을까
표식 없는 넓은 바다에
점 하나로
무인도가 되는 꿈의 단절

어느날의 현絃

나는 조율되지 않은 바이올린이다
팽팽한 현이 되어
시/레/솔로 울고 싶다
저음으로 소근거리다가
격렬하게 튕기고 싶다
속을 비워야
현의 전율은 명쾌해지고
사색하는 커피가 식어갈수록
둥그런 테두리를 남긴다
우울한 흔적을 되새기듯
낮은음자리표가 남긴
눈물의 의미를 음미하면
울다 지친 현이
멍하게 떠 있다
지릿찌릿 귀뚜라미 울음 닮은
터지지 못한 그리움이
그대의 망막에 맺힌다
나는 그대의 벽에 걸린 바이올린이다

행운목

행운목에 살포시 고개 내민
붉은 꽃 봉우리
메마른 껍질 아래
죽음보다 더한 십 수년의 침묵 깨고
말없이 피어난 드라세나꽃 소식
무정한 바람 잠재우고
헤진 마음 달래 줄 건가
휘돌던 칼바람에
모래알 흩어지듯 무너지던 님들을 부여잡고
스산한 이 내 맘 채워줄
어여쁜 백년화야
영롱한 이슬로 적셔주고
고운 빛살로 어루만지어
조각난 상처들이
꽃이 되었구나

어떤 손에 대한 고찰

수많은 사람들이 움켜쥐었던
움직이는 전철 손잡이를 바라다보면
때때로, 그 사람의 시간 이력곡선을
그려낼 것 같아

나의 오른 손에 잡힌 손잡이에서는
강한 남자의 체취를 느낄 수 있어서
거칠고 뭉툭했던 손의
굵은 손가락 마디마디에
나이테처럼 새겨진 고달픈 빛바랜 힘, 아니면
잘 빠진 체격의 운동선수 손아귀에 닳고 닳은
이두박근의 꿈틀거리는 흔적의 필적을 느낀다는 점이며

바로 옆 흐느적거리는 왼편 손잡이에서는 말이야
연한 기초 화장품이 미끈한 촉감으로 느껴져
가냘픈 손목에 창백한 실핏줄을 보이며
노서히 희망 없는, 그러나 삶의 외돌곡 여운을 그리다
약 한 움큼 입안에 털어 넣고
써 놓았던 유서를 손등 또는 손목에

지울 수 없는 흔적으로 남긴
젊은 여자의 육감을 본다는 건데

둘 다 평범한 손은 아니라서
치열한 삶을 경험했던 손이라서
180도 회전을 한 후에, 왼쪽과 오른쪽을 서로 바꿔봐도
치열함의 우열을 가릴 수 없다는 점과
날카로움이 예사롭지 않았다는 점이며
용암 분출과 같은 뜨거운 삶에 대한 표출에 대한
진실한 바램은
내가 어떤 손을 닮아 가는지
어떤 손을 전형으로 했는지를
혹은, 나의 왼쪽과 오른쪽의 어느 지점쯤에
나의 손을 위치해야 하는지를
곰곰히 살펴봄으로서
나를 더욱 곤혹스럽게 한다는 점이다

해방을 꿈꾸는 보고서

형식이 나의 자유를 구속할 때
조그만 유리상자에 구겨진
요가 수행자의 사지처럼
생각은 춤추지 못 했어
비 오지 않는 하늘
수액 올리기 버거운 나무들은
생각의 꽃잎 펼치지 못해
좁다란 바늘 끝이 되었어
바늘은 음반이 새겨놓은 길을
큰 원을 그리다
중심 향해 작아져 갔고
무두질하지 못한 활자들은
휴지통 속으로
일회용처럼 버려졌지
건조한 형식은
손보지 않는 음반의 중심에서
덜그덕덜그덕 제자리를 맴돌디
비상을 꿈꾸었을까
하늘에 맞닿을 샘물엔

조각난 자유 대신
달이 가득했고
한 움큼 퍼 담을 그릇
그 성긴 틈으로
푸른빛이 언뜻 비껴가곤 했어
성 가족성당* 축조될 만큼
오랜 동안
그러나 여전히 미완성인 채로

* 성 가족성당(Sagrada Familia) : 스페인의 유명한 건축가 안토니오 가우디가 설계한 성당,1883년 착공해서 현재까지 건설중임.

꿈은 완행열차

상처받은 영혼일수록
희망에 대한 생명력은 길고 질기다
얼어붙은 통장 잔고 때문에
동상과 갈증이라는 이중고를 숨 가쁘게 겪었던
거친 겨울을 뚫고
가느다란 허리춤에 봄 햇살 흠뻑 맞은
개나리 꽃길이 관평천*에 열렸다
눈웃음과 미소로 뒤범벅된 아이들을 보다가
하늘 반쯤을 가린 벚꽃나무 그늘 아래서
잠시 생각의 보따리를 푼다
아이 과외비와 생활비 교통비는
서로 꼬리를 물고 복잡한 연산을 수행하다가
간이역에서 꿈의 궁전 소식을 듣는다
봄바람이 내 꿈길을 건네줬을까
주인 잃은 산등성이 배꽃들은
꿈속의 어둠을 밝히려
하나 두울 총총히 하얀 촛불을 켜고
한집 건너 아파트에서는 생활의 어둠을 밝힌다
우리를 실은 완행열차는

5일 장날 같은 기나긴 간이역을 지나
종착역에서 꿈에 그린 둥지를 만든다

* 관평천 : 대전시 유성구 관평동에 위치한 작은 실개천,
그 개천 건너 한화 꿈에그린 아파트가 있다.

임원항

겨울비가 바다 위에 미끄러진다
눈이 되지 못한 아쉬움을 달래려
쉴새없이 으르렁거리지만
포구는 표정 없이
파도를 끌어안을 뿐이다
붉은 낙인이 찍힌
철거를 앞둔 건물 내에서는
타닌산 뿌옇게 피어오른 건어물들과
해풍에 꺼멓게 그을린 삶의 모습에서
바다의 풍성함을 일러준다
손님맞이를 하던 주인이 내민
갓 구어 낸 오징어조차
찬 기운에 금세 을씨년스러운 시간
슈퍼마켓도 약국도 수협도
잿빛 비에 젖어 고즈넉한 모습인데
우체국은 쉽사리 눈에 띄지 않았다
멈춰버린 빗방울의 반대편에서
치열한 현실에 부대끼는 사람들에게
한 축에 담긴 응축된 현실과

잘근잘근 씹지 않아도
눈에 선한 시간의 굴레를
읽어주고 싶었다
그리워하던 것들은
손끝에서는 찌릿찌릿한 몸살이 되고
머리끝에서는 끈적거리던 미열로 변해
하릴없이 빠져나가고 있다

사진

소극장 블록담 주변
흔들리는 바지랑대 같은
이태리계 키다리 남자가
나의 사진 배경이 될 광고물을
피동적으로
반쯤 가로막아 서 있다
― 이봐, 담배연기까지 비껴
음탕한 본성을 숨기려
오렌지 빛 국부 조명에 그을린
암흑은 더욱 퇴폐적이고
회반죽 벽 광고물 위로
그림자가 선명하다
농염한 근육질 무용수에게서
그녀를 닮은
혼신의 땀과 노력을 본다
후두둑 떨어지는 기온처럼
광고물 곁에 어울리지 않게
조각난 작은 쪽문은
을씨년스럽다

화려함 한 걸음 뒤의 저 검은 문은
물컹한 내 마음의 중심이다
농축된 한 마디의 외침에
나는 과녁이 되고
후다닥 야수가 들어가고
미녀가 밀려 나온다
찰깍
그리고, 정지된 시체 한 구

문화에 대하여

— 꽃 버리는 사회

가을이 긴 터널을 통과하는 동안
초겨울은 가을손님 행세를 했고
상강의 아침, 요란한 행사장에 내팽개쳐진
귀빈용 꽃다발들은
용도 폐기된 종이상자 취급을 받았다
폭 좁은 폐 우물 속에서
시린 이 참고 하룻밤을 꼬박세우며
연인들의 손길을 기다렸으나
끝내 일회용으로 전락한 꽃들은
알토란같은 분노를
진저리치듯 성글성글 세상에 맺혀놓았다

긴 터널에 빠진 가을바람은
출구를 향해 내뺐다
노랗고 발갛게 물든 꽃 행렬을
보여주겠노라 약속했었다
놓치고 싶지 않았다
물감을 찍어 바른 듯한 이파리들에게도
향기가 느껴진다는 점을 증명하고 싶었다

고즈넉이 더해갈수록

위대한 가을 앞에 시린 눈 떠보려 했지만

꿈꾸던 사랑처럼

기차는 예정된 시각에 오지 않았고

가을은

꽃들을 그렇게 버리고 말았다

영산강에서

목포와 영암을 가로 질러
하구언 둑길 위를
자전거가 줄지어 달린다
강물은 바다로 흘러가려다
꿀렁꿀렁 되돌아 뫼비우스의 띠가 되고
노인이 된 울 아버지 이제야
창문을 바라보며
끊어진 뱃길을 그려 놓고
덕자와 우럭 횟감들이
은빛으로 퍼덕거리던 추억을 이야기 한다
뭉툭 꼬리 잘린 영산강아
둑길 경사면에 웃자란
강바람에 길들여진 들풀은 알까
네가 먼 길 달려와
이리 꿀렁거린 이유를
피시식 웃는 행인들의 행렬은 알까
흐르지 못해 휘도는 시간의 의미를
당신이 잠시 머물러 있는 시간보다
수 천 곱절 오래 살았노라고

그래도 참고 있노라고
바다로 갈 날 손꼽아 기다리노라고

흑나비

비 그친 산길
커다란 점이 박힌 흑나비들이
구불구불한 물길을 새겨놓은 땅 위에서
고대유적 찾기를 시작한다
어느 나비의 후손들 이길래
수십, 수백 쌍둥이를 이곳에 남겨놨을까
자신들이 짓밟힐 줄도 모르는 채
지난 폭우에 떠밀려 간
그들의 영역과 발자취를 찾는다
봄이 남기고 떠난 낙엽 위에서도
카멜레온처럼
시선으로부터 문득 사라지고
놓친 그림을 찾기 위해
두런두런 할 찰나
나뭇가지에 가려진 짙푸른 그늘에 닿을 듯
머리끝에서 날아오르는 영혼의 날갯짓과
서늘한 바람에 부르르 떠는 하늘
여전히 나비 떼는
화살표처럼 운동기구용 나무의자 위에

촘촘히 서 있고
바라보는 나도 우두커니 서 있고

폐허

비포장 지방도로 끄트머리
어촌리라 불리는 마을에 폐허 한 채.
숭숭 구멍 뚫린 한지문틈 사이로
몇 줄기 빛은 다락방문에 걸린
거울에 멈춘다
햇살이 이렇게 초라할 수도 있는 건가
망부석이 되고자 한 것도 아닌데
주인 잃은 뜨락에
물뱀의 주검은
고즈넉한 오후를 깨트리는 파격이다
토방 콘크리트 틈새엔
낯 설은 가시 꽃들이 질긴 생명을 뽐내고
우물엔 잡초가 사람 키만큼 높이 섰다
바람의 손길이라도 있었던들
외로움은 덜할 턴데
구름의 그림자라도 지났던들
시간의 빈자리를 느낄 턴데
배 밭에서 한 마리 새가 솟구친다
울대엔 갈증이 타오르기라도 하건만

울지 않는 새는
빈 집의 고독보다 처연하고
자꾸만 희미해지는 그리움은
기억상실증에 걸린
내 마음의 빈집이다

불혹, 그 숨찬 고독의 언덕

우울한 주말을 가로막아 선
희뿌연 괴물 같은 미닫이창을 연다
삭풍이 불어오는 동산에
마음의 끈을 풀어놓고
움트는 꽃망울을 기다리는 동안
겨울 편지를 쓴다
읽다가 접어둔 책 한쪽
선명했던 형광색이
추적추적 날리던 안개비에 젖을
그 긴 시간동안
감각적이었던 반란의 추억은
후회의 바다가 된다
뇌에 가득한 벅찬 감동은
빈들을 울리는 장끼들의 컹컹거림 따라
13층의 허공 속 토사물이 된다
날개 짓 하나 없는 도시의 토굴에서
하루의 숨통을 여는 건
척박한 땅을 객토하는 행위
겉돌던 행간의 의미에 고개를 끄덕거릴 무렵

숨찬 기관지가 터지도록
거품 가득한 게걸음으로 걷는
에움길이라도
늦지 않았음을 이제는 알겠다
불혹, 연애하고 싶은
그러나 창틀에 걸려 비상하지 못한
반쯤 남은 나의 몫

개고기 파는 식당

도심을 벗어난 아트막한 산 중턱
허름한 벽돌집 한 채
자연에 허기진 사람들이 찾아드는 식당이라 하데요
비에 젖은 평상엔
산 공기가 정승 그림자처럼 길게 눕고
제멋대로 자란 철망 울타리
잡풀 이파리엔 빗물이 초롱초롱 서 있는데요
시어머니 시누이 올케 여주인들은
손님맞이에 손놀림과 발걸음이 분주하겠지요
산 노을이 지나간 길목
어둠으로 멍석 깔아놓은 뒤란엔
방치된 어린아이들은 모두 맨발로
세 발 자전거를 타는데요
이곳이 한국의 수도 서울 맞나요
자연을 찾아온 이들에게는
그냥 보리밥 한 그릇 퍼 주면 안될까요
이곳이 복잡한 현대 도시 서울 맞나요
된장찌개 한 사발 내 놓으면 안되나요
그저 그리움이나 파묻고 떠나도록

가을 산길

땅속에 묻혀 있어야 할
나무뿌리가 닳고 닳아
비탈길 계단이 되던 날.
산 풀잎에 들러붙은 이슬방울들은
아침 햇살에 내 맡기어
게슴츠레한 솔숲 고요를 깨우고
갈 길 바쁜 발길이
풀잎에 닿을 때마다
작은 소리를 내며 펑펑 터진다
신발 코에 젖은 흔적을 본다
풀잎이 마셔야 할 행복을 훔쳐온 건 아닐까
키 작은 풀잎들은
사색의 걸음 등 뒤로
느릿느릿 안개 속으로 사라진다

관평천*의 겨울

초겨울 하늘이 창틀에 걸려 있고
하늘 바탕을 갈퀴로 긁어놓은
회색 구름 떼는
실개천으로 추락한다.
수평선 너머 무엇이 있어
위풍당당한 바람소리조차 잠재울까
당단풍 나뭇가지가
기지개를 펴다 손사래를 치고
잘 익은 모과 향은
코끝에 와 번진다
문득 팔랑이는 커튼 뒤로
한 장 남은 달력을 본다
유리창에 반추되어 거꾸로 선 날짜들이
1년이란 유예기간을 완수하고
깜빡깜빡 한다
누군가가 고요를 깨고
이사가 끝났다는 수신호라도 보낸 걸까
짚 풀이 조용히 타오르고
밥 짓는 냄새가

수평선을 그려놓은 12월의 저녁놀을
덧칠하고 지나간다

* 관평천 : 대전시 유성구 관평동에 위치한 실개천

봄날

가느다랗고 질긴 허리춤에
봄 햇살 흠뻑 맞고
화들짝 놀란 개나리꽃.

노란 꽃길은 울타리가 되어
아홉 살 배기 꼬마들을 호위하고
연신 눈웃음을 흘린다

아이들은 미소로 뒤범벅이다
단체사진 한 컷 그 순간을 못 참고
얼굴을 찡그린다

하늘 반쯤을 흰 살구 빛으로 물들인 봄날
벚꽃나무 그늘 아래 숨으면
봄바람도 함께 눕는다

주인 잃은 산둔성이 배 밭엔
배꽃이 느지막이 네온사인 점등하듯
하나 두울 총총히 흰 불 피우면

봄은 서서히 뿌리를 내리고
꽃비가 내려 온 밤을 치장할 때
봄기운은 꼬리를 물고
하얗게 깊어간다

복층 유리

우리는
내부와 외부 공간을 가로질러
오롯이 서있는 한 쌍입니다

점 하나 생채기 하나 없이
이목구비 보이지 않아도
반듯하게 균형 잡힌 모습
질투 나도록 바라보지만
서로 다가서지 못할 진공 틈새를 두었으니
만질 수도 없고
소리 전달도 안됩니다

가시 같은 햇살 받아
포사란 공간으로 다듬고
해일 같은 바람 말없이 막아주는
우리는
뚫린 듯 다가서면 벽이 되고
막힌 듯 멀어지면
은은한 거울이 됩니다

그대는 외부를 가려주는
베일 같은 사람
나는 내부를 밝혀주는
투명한 사람입니다

한 해가 저물어 가고
새 해가 다가올 때
우리는 세월의 책갈피가 되기도 하지만
탄생된 순간부터
소멸될 그 날까지
우리는 피할 수 없는
한 쌍입니다.
기능이 정지하는 순간까지는

숲으로 가자

고독하거든
솔숲으로 가자
초록 향 그윽한 고요한 늪
깊어 갈수록 하늘은 어둡고
태고의 온유가 아장거리는
요람에 눕자
그리웁거든
대나무 숲으로 가자
곧은 줄기에 옹어리진 마디가
웅웅거리는 늪
후미진 세상에서
암흑을 분리하는 바람처럼
마음을 풀어보자
피톤치드 향 가득한 쉼터에서
신록으로 가득한 침묵을 헤집으며
달빛 머금은 산소로
머리를 감아보자
그대여, 눈 멀고
귀 멀기 전에
어서 숲으로 가자

초대

오랜 친구로부터
봄이 왔다는 안부전화 한통이
환한 웃음을 허물없이 쏟아 내리고
겨우내 묻히고 쌓인 낙엽들로
딱딱해진 숲길의 중압감은
휘톤치트 향 그윽한 레드카펫이 됩니다
작은 개울은 강물이 되고
잔 나무에 새순 돋아나
습관처럼 찾아오는 불멸의 봄은
무거운 깃털처럼 인식되는 아픈 기억들을
아지랑이 속으로 몰아냅니다
일상에 지친 외로운 사람이나
상처 입은 영혼조차
투두둑 꽃망울 터지는 소리에 고개 돌리면
진 초록빛에 눈부셔
아니오 아니오 가로저어 보지만
서서히 마음속 깊이 꽃물 들고
미소 짓는 봄으로부터
화려한 초대장을 받습니다

무주 구천동

빗속을 질주하는 자동차들은
눈부신 햇살이 꿈꾸는 세상 속으로
쉼 없이 탈출을 시도하고
꿈꾸는 아이들은 폭죽소리에 놀라
엄마의 품속,
보이지 않는 가슴 중앙으로 넝쿨처럼 파고든다
안경 건너편
이름 모를 산등성이 풀꽃들이
소문 없이 피어오르고
텃밭 푸성귀 이파리 사이로
달팽이들이 숨바꼭질 할 무렵
온실에서 잠자는 꽃과 나무는
정원사의 정성을 먹고 자란다
빗물에 젖은 산비탈엔 스피커 대신
커다란 디지털 티비가
유행가 가사 대신 드라마의 향기를 뿜어내고
꿈속에서 막 깨어난 아이는
기지개를 켜다
목덜미를 움켜잡고 울고 있는데

아스라한 안개 속
존재할 수 없는 그림자가
서서히 기동을 시작하는 모호함과
일상에서 해결할 수 없는
신기루 또는 변방의 꿈.

자갈

외길 가로 막은 낭떠러지
조각조각 주춤거리다
굴러 떨어져
개울가 잡풀 사이
풀썩 주저 앉았죠
틀에 갇히어
떠돌지 않는 시간만큼
생각의 두께도 깊을까요
빼곡이 새겨둔 그늘 아래
질량의 깊이를 외면한 채
이끼의 겉옷을 껴입는 걸까요
숲길에 쌓인 꽃잎 무덤 털어내듯
객의 발등 덮어가던 황토가루
흘러내리는 진동만
가벼이 전해지겠지요
진화를 거듭한 침묵
그 두께를
스치는 바람이
어찌 가름 하겠어요

내가 시를 쓰는 이유

시를 쓴다는 행위는
현실의 내가 내면의 나에게 소통하는 수단이며
즐거움과 고통을 동시에 느끼는 방법이며
이 세상을 벗어나는 유일한 통로이다.
시를 쓰면서
내 자신을 노출하고 부끄러워 하기도 하지만
몸과 영혼이 정화되는 느낌도 받는다.
한 올의 가느다란 섬유를 뽑아내고
직물을 짜고, 옷을 입히고
여린 생명을 불어넣는 행위가
언제까지 지속될 지는 확신할 수 없지만
시를 쓰고 읽는 만큼
가슴이 뭉클해지는 사소한 행복을 느낀다.

박·민·혁

1966년 대전에서 출생
전력연구원 책임연구원으로 근무 중
대전문인협회 회원
2000년 《오늘의 문학》 신인상

겨울광장

늦은 저녁
광장엘 가자
거기 몇 장 세상을 펴고
누워 있는
떠벌이의 뜨거운 피가
요행히 남아 있다면
선량한 늙은 악당과의 무용담을
들을 수 있겠지
이야기가
환상을 찾아 떠난
도시의 삶으로 시작하여
한 때 인형처럼 사랑한
여인의 이야기를 할 무렵
따뜻한 국물과
적당히 취해 좋을
몇 잔 소주도 필요하리라
실체와 환상 모두 얼어 버린
늦은 저녁
악당의 너스레가 낯설지 않을
겨울 광장으로 가자

늦포도

항암제가 돌고 나온
아내의 몸에선
아무런 표정이 없었다
거푸 토해내는
슬픈 정열이
지나간 추억들이
눈으로 고여들 때
소나무 그림자처럼
나는
화장실을 찾아야 했다
지나는 사람
잡고 소리치고 싶을 때
아이의
붉은 볼을 생각하며
흰 손 잡아보았다
삶에 대한 열망은
경계를 따라 흐르는
바람 같은 것
백일 가는 꽃 없고

부족해 결말은
화산이 불길 멈추듯
잠잠해진 오후
늦포도 몇 알
마른입에 넣어 주고
외과 병동을 나와
나는
밥을 먹어야 했다
해가 지는지
달이 뜨는지
무슨 요일 몇일인지
생각 없이
게걸스럽게 밥을 먹어야 했다

수혈

거리에 쏟아 버릴 내 붉은 피만큼 네 맑은 언어를 유리 그릇에 쏟아 붓다 푸른 오이 하나 성성히 썰어 그 피 향 오르게 제 지내 주다 서둘러 마라 수혈을 위한 기구는 많이도 필요 없고 이제 죄 없는 겨울이 오려 하니 과도여 흰 접시 위에 미련의 타래를 조각내어 가지런히 썰어만 두고 가라 침묵 남은 저 유리창 안개로 피어나고 오래도록 그리움에 절어 아파해 본 심장은 요동 칠 것이니 그때 과도여 노래를 부르자 길지 않고 묵직한 내 아버지의 못 다한 꿈을 부르자 남은 여운에 노래 한잔씩 남청색 타이 가지런할 수 있는 내일을 위하여 한잔씩 노래로

달에는 사람이 살고 있지 않다

이십일세기 낡고 케케묵은 러시아로의 여행비용은 유리잔 몇 개로 족하나니 블랙러시안을 넘기면 이것은 손쉬운 신파 광장의 군상 넘어진 지 오래고 노동자를 유혹하는 노래 가고 없는데 아직도 남아 있는 검은 안경의 깡패들과 어설픈 양아치 새끼들 그리하여 슬픈 나타샤여 나는 구토를 한다 가증스러운 쓴 물까지 대지에 쏟아 부어 가며 새천년의 희망을 들어보고자 구토를 한다 빛이 보이지 않는 야간비행 비록 까마득한 화석이 되었을지라도 안개 가득한 들을 지나는 파일럿의 독백은 고독하나 여전히 청량한 것 돌아누운 하늘 멀리서 날아온 나그네의 바쁜 기계음 소리 사이로 아름다운 별들 저 별빛에 위안을 받는 사람은 오늘 몇이나 되는지 행성을 갈아타고 싶을 때면 나는 러시아로 간다 달에는 사람이 살고 있지 않기에 누운 이 땅처럼 겨울 지나 꽃 송이 송이 피워 내는 봄이 없기에

잠자리

보세요
해 가득한 뜰에
투명한 날개 접고
앉아 있는
잠자리의 오수

들에 널려진
그대
찾아 나서던 날
날개처럼 맑았던
찬 서리의 기운
폐부 어디쯤
그립게 숨어 살다
달빛 처연한 뜨락에서
살아 돌아온 기도

보세요
지난 가을 박제가
숲에서 살아와

오늘 열어 둔
내
울안으로 나네요

과학의 날

오렌지 두 개와 흰밥
포도 맛 뿌요뿌요와
가난한 마음으로 충만한
배낭 메고
느릿한 걸음으로
떠나는 과학의 날
아비의 욕심은
아이들 그림자마저
노랗게 물들여 버리고
일상의 무료함을 접은
낡은 차는
신호등마다 서서 허허
웃고
막내가 놓아 준 풍선이
콩콩콩
달음질 치고
시월 하늘을 가르는
우주인의 등번호가 보이는
과학의 날

한가한 바람만
덜커덩 덜커덩 졸고

기도

어머니
파올로알토 언덕에도
유채꽃이 피었어요
노란 모습들이
우리 함께 노래하던
그리운 오백오번지의 풍경 같아
맑은 물 한잔
풀섶에 놓았어요
흔들리는 걸음
두렵고 곤한 세상을 피해
주문같은
기원을 놓았어요
어머니
구름 가듯
세월 넘다가
마침내 제 잔에
이끼 서는
서글픈 금 가는 날
당신의

새벽 같은 염원도
꽃처럼
안식을 찾으시렵니까

꽃의 마음

하릴없이 흐르는
호수 물안개
사립문 허허 걸려
때 묻은 고름
울어 말이 없는 저
둥지 박새알
눈물 같은 저녁 종
소리
모른 척

말라가는 내 꽃잎
하나 둘 셋 넷

가벼워진 네 걸음
다섯 여섯 열

4월의 노래

봄 터지는 소리에 놀라
기지개 켜는
아가의 맑은 눈과

첫사랑 황사를 보내고
세월을 기다리는
산 아래 천수답天水沓의 묵은 고독과

민살 부비며 솟는 새싹과
햇살 가득한 뜨락과
가지런한 어머니 꽃신 위에

종소리처럼
흩날리는 저 꽃잎
꽃잎이여

어부의 노래

문지동 백삼의 육번지엔
어부들이 살고 있다
일영지 밝기 전
바다에 나아가
월영지에 달 잠기는
늦은 시간까지
꿈의 실로 기운 그물로
고기를 잡는다

산다는 것
기다림을 쌓아가는 일
그물을 던져
풍어를 만나면
가난한 마음을 여미고
천수답 소출처럼 소박하여도
막내의 검은 눈웃음과
갈라진 어머니의 손등을 생각하며
말없이 노 저어가는
그대

이 가을엔 바다 말고
푸른 하늘과
익어 가는 들녘에도
에히라 디히야
배 띄어 볼 일이다
만선의 꿈 꾸어볼 일이다

오월 하늘의 구름이나 되어

나는야
오월 하늘의 구름이나 되어

산을 벗 삼아 오르는
늙으신 아버지
지친 그림자 쉬어 갈
그늘이나 만들어 볼까나

동무들 하나 둘 보내고
마을 앞 느티나무처럼
적적해 가는 어머니를 모시고
마실이나 나서 볼까나

코밑에 송송한 잔털만큼
고민도 함께하는 막내 녀석
뛰노는 운동장에 달려가서
물려받은 박수를 진해주고

수업을 마치고 귀가하며

졸고 있을 큰 녀석 차창에
따사한 햇살이 차고 넘치도록
망이나 봐 줄까나

그래도 남는 시간이 있다면
행여 시간이 남는다면
묵묵히 따라온 아내와 함께
소주나 한잔 할까나

소살리토* · 1

그리움이 천성 같은
곳

그림자 버린 사람
바다로부터 올라와
몇 통, 편지를 쓰고

그림자 잃은 사람
바다에게
안녕을 물어 보고

그림자 찾는 사람이
달빛에 의지하여
푸른 항해를 꿈꾼다

땅에서 살다 바다로 갔든
바다에서 살다 땅으로 왔든
소살리토에서는

살아 있는 영혼이
희망을 만들고
흰 고래들이 추억을 노래한다

* 소살리토(Sausalito) : 미국 캘리포니아주(州) 서부에 있는 도시

소살리토 · 3

산 아래 마을에 밤이 오면
귀가의
발걸음 소리 요란한 법인데
골목에는
그 흔한 취객의 노래 한곡 없이
달이 잘도 솟는다
나는 늦도록
분수 옆에 앉아
쉬임없이 쏟아 내는
혼들의 이야기를 듣는다
시간이란 다만 몸을 두고 하는 말
땅에서 살다 바다로 갔든
바다에서 살다 땅으로 왔든
소살리토에서는
산자가 추억을 만들고
죽어 떠나지 못한 영혼들이 희망을 만든다

전민동 · 2

마디 굵어 가는 프라타나스
푸른 그림자와
종일 심드렁하게 조는
붉은 우체통과
땅의 채소를 내어다 파는
그을린 어머니들 얼굴이 있는 곳

밤 지새우다
화봉산 숲 소쩍새 울음에
그리움이라 적고
회초리 같은 소낙비 소리에
고향이라 적어 보는
땅의 자식들이 모여 사는 곳

전민동의 여름은
얼음 동동 띠운 막걸리이다
한입에 알 수 없는 더위를
시원 텁텁하게 나누어 마시다가
때가 되면 일어서야 하는
미네르바 부엉이들의 수업시대이다

문지동 가을

내 유년의
하모니커 소리는
여전히 도미솔인지
낡은 아버지의 구두는
아직 골목을 뚜벅이고 있는지
귀가 먼 문씨가 울리던
마을의 종소리는
멀리 퍼져나가고 있는지
떨어진 낙엽만큼
노트 여백도 늘어가는 시간

오래전부터 천식을 앓아온
붉은 국기봉
쿨럭이며 감기유감이라 하고
고즈넉한 숲속 에움길
어머니를 닮은 쑥부쟁이
닻별 빛 한줌에 감사하자 하고
동들동글 열매를 맺은
모과나무 아래 명자가

몽따게 길을 물으며
다시 또 이 가을을 보낸다

문지동 가을·3

누가 보냈을까
강의 살찐 고기떼 우우 거리고
바람결에 들리는 화봉산 산비둘기
울음소리마저 울컥이게 하는,

풍요의 바다요 기쁨의 바다를
할아버지 아버지 노 저어 갔듯
오늘은 내가 따라 노 저어가게 하는
이 가을을

어떤 별은 시가 되고
어떤 별은 그리움이 되고
또 어떤 별은 술동무가 되어
함께 집으로 돌아가게 하는,

날아가는 새 흔적 남기지 않고
떨어지는 낙엽소리 투명하여
여한 없는,
이 가을을

그리고
코스모스 꽃대 위로
박제 같이 앉아 있는
고추잠자리 한 마리를

흐르는 물처럼

문지동에서 신명난
새해 솟은 해를
보아라

밤사이 大淸湖가 찾아와
고향 뜨던 날 흰밥 냄새며
퉁명스럽게 덜컹이던 야간열차와
대합실에 남겨진 아버지의
안부를 물어 보더라도
지금은 신발 끈 조여야 할 시간

우리 산다는 것
흐르는 저 물처럼
오늘을 하나 둘 쌓아
시나브로 바다로 나아가는 일
어제 저녁강의 아쉬움을 딛고
손 모아 일어서는 오늘이
그대 최고의 황금시절이니

낮은 곳으로 흐르는
물이 되어
경인년 솟은 해를
보아라

7월 야경夜景

장맛비 지난 자리
달빛이 한가하네

담장 위 능소화도
꿈을 꾸는 이 한밤

뉘시오
불을 밝히고
먹을 가는 그대는

나그네의 辯

가계사를 써 보겠다고 출발한 것이
엊그제 같은데 벌써 10년이 훨씬 넘었다
아버지의 지난 시간과 나의 지난 시간
그리고 또 지나가 버린 10년이 숙제로 쌓이는 나날을 보며
산과 들을 찾아 노닥거리기 보다
나는 거리를 찾아 방황했어야 했다
아직도 꿈에서 깨어나지 못한 채
산이 거리 같고 들이 집 같아 머물 수가 없는 시절
어쩌나
제대로 생각하여 옹골지게 토해내지 못한
어리숙한 것들을 내 놓아야 하니
어쩌나
가야 할 길은 아직 멀기만 한데

누리마루 시인들

3인시집

발 행 일 | 2012년 1월 20일

지 은 이 | 하정수, 나환선, 박민혁
발 행 인 | 李憲錫
발 행 처 | 오늘의문학사
출판등록 | 제55호(1993년 6월 23일)

주　　소 | 대전광역시 동구 삼성1동 125-6 한밭오피스텔 401호
전화번호 | (042)624-2980
팩시밀리 | (042)628-2983
홈페이지 | http://www.lito77.co.kr(홈페이지)
전자우편 | hs2980@hanmail.net

공 급 처 | 한국출판협동조합
주문전화 | (070)7119-1741~2
팩시밀리 | (031)944-8234~6

ISBN 978-89-5669-479-5
값 8,000원